Ahmed Hasnaoui

La question ? Tout un monde

Ahmed Hasnaoui

La question ? Tout un monde

Éditions Muse

Imprint

Cover image: www.ingimage.com

Publisher:
Éditions Muse
is a trademark of
International Book Market Service Ltd., member of OmniScriptum Publishing Group
17 Meldrum Street, Beau Bassin 71504, Mauritius
Printed at: see last page
ISBN: 978-620-2-29894-0

La question ?

Tout un monde.

Chapitre : 01

Qui êtes-vous ; d'où venez-vous ; où allez-vous ?

Ce sont là quelques questions qu'on vous pose lorsque vous débarquez en terre étrangère. La réponse pourrait être quelque chose qui flotte en surface : on s'appelle untel, on vient de tel pays et on rejoint telle personne à tel endroit.

Habitué à avoir une désignation comme une étiquette collée à un emballage quelconque, notre nom rien qu'à l'évoquer, pour les uns, cache : un physique, un teint de visage, une santé ou maladie, une ignorance totale ou un certain savoir qui coule des lèvres comme de l'eau d'un robinet. Cependant, personne ne vous connait assez, on ignore certaines de vos qualités, peut-être, les meilleures. Vos défauts ? Vous semblez être un individu parfait, tellement vous avez l'art et la manière de les dissimuler. Mais il suffit, parfois, d'une seule question, bien précise, dans certaines circonstances, et le voilà le voile déchiré pour faire tomber un arbre qui cache toute une forêt. La question posée joue ici le rôle d'une clé qu'on fait tourner dans une serrure ; une porte s'ouvre sur un jardin secret, tout un monde qu'un individu trimballe avec lui.

On cherche à s'instruire en posant des questions ; une question simple en appelle une et plusieurs d'autres plus complexes. A un --- pourquoi vous faites cela ? S'en suit tout un discours. Une situation est alors décrite avec des arguments à l'appui. Une misère sans nom est alors étalée par l'interlocuteur qui pense agir dans un but précis, bonheur fou sera peint, un véritable tableau de maîtres avec des couleurs éclatantes. L'artiste ou prétendu comme tel, s'arrête un court instant, ému par un avant -goût de ce qui pourrait être dans un avenir proche, ne peut contenir ses larmes ; rien qu'à évoquer cet éden qui n'existe que dans son imagination. Parfois il oublie un tant soit peu son rôle d'informer et pose une question à lui-même ou à son interlocuteur à laquelle il n'attend pas de réponse, s'arrête une énième fois, clôt sa narration ou reprend de plus belle.

Chapitre : 02

Pourrait-on vivre sans se poser des questions ?

Sans trop de soucis, on s'enlise dans une forme de routine. Les questions qu'on se pose ont trait à notre repas de midi, à l'entretien de notre corps, aux loisirs etc. dès qu'un problème est signalé dans notre environnement immédiat, on s'interroge, on cherche à savoir le pourquoi du comment, afin de solutionner. Il faut le dire qu'il y a problème et problème. Plus ce dernier semble être épineux, plus il y a multiplication des interrogations qui tendent à traiter en profondeur le sujet en question. Cependant, il arrive qu'une seule question vienne balayer ses précédentes, d'apparence banale mais bien ajustée au bon endroit, peut-être par un spécialiste en la matière auquel on a recours.

Toutefois, il n y a pas uniquement que les problèmes qui sont la source des questionnements que se pose un individu. Au contraire, lorsqu'on a le temps, une situation stable, une santé de fer etc. cela pourrait constituer, dans bien des cas, une soif avide de vouloir expliquer pas mal de choses, des phénomènes, à première vue, par certains individus qui ont horreur du vide. Un sujet à débattre par l'esprit, tout en accomplissant une tâche pas très difficile, est là aussi une sorte de fuite d'une routine au quotidien.

Chapitre : 03

Des questions qui reviennent tout le temps, matin et soir, à peu près les mêmes à quelques nuances près, sorte d'obsession, cela existe dans une situation qui dépasse l'individu, jamais connue auparavant qui a trait à l'avenir et plus encore : une question de vie ou de mort. L'individu est à l'écoute de son moi intérieur auquel parviennent des images mal cernées, des paroles qui n'ont que la variation du son, intelligibles, et qui semble venir de loin, déformées par un long voyage dans l'espace et dans le temps. Etre ou ne pas être ? Trouve ici toute son application et se traduit par une réponse qui pourrait dans bien des cas, opérer un changement radical de conduite ou de prise de position, pour ou contre un comportement qui a fait son temps et devenu incompatible à la lumière de données nouvelles ; un projet qu'on approuve ou non.

Plus le temps passe, et plus l'espoir de trouver une issue devient presque impossible, et au lieu et place d'une simplification en allant à l'essentiel, certains trouvent un plaisir fou à décortiquer et approfondir, quitte à soulever une tempête de questions plus complexes les unes que les autres. Telle une marmite mise sur le feu, à un moment donné la pression soulève le couvercle qui laisse échapper un flot de paroles parois dénuées de sens.

Chapitre : 04

Toute parole émise, chaque mot prononcé est susceptible d'être transformé en une question. La forme interrogative, certes, pourrait cerner un sujet quelconque, souligner le caractère ambigu d'un quelque chose, pour mieux sensibiliser l'interlocuteur. Des spécialistes en matière de dévier la conversation de son cours initial, la situer hors contexte, se comptent sur le bout des doigts. Simple citoyen prenant part à un meeting ou bien journaliste chargé de couvrir un événement, à dessein, ou individu se trouvant par hasard sur les lieux, ou dépêché par son chef, pose des questions minutieuses, gênantes, embarrassantes, à l'orateur qui s'acharne à étaler un programme d'action, une certaine vision qui a trait à l'avenir de la nation. Lui, le fauteur de troubles, plante son épine telle une abeille qui voltige, pique, se retire puis revient à la charge. L'orateur, lui aussi, n'a pas été choisi au hasard, il n'est pas dupe lui aussi. Des fois avec un seul mot avec un point d'interrogation à sa fin, il cloue le bec au petit écrivaillon qui se retire, revient à la charge après mures réflexions ou bien cède la place à plus malin que lui.

....

Une question hors sujet, cela existe bel et bien. Celui qui la pose est vraiment hors circuit, complètement siphonné ou bien malin, il prêche le faux pour avoir le vrai ; une question incomplète, qui laisse la personne interrogée deviner la suite. Ruse ou piège, celui qui demande explication, simule une méconnaissance de la langue, fait l'amalgame entre le masculin et le féminin, le pluriel et le singulier. La question qu'il pose, en effet, cache une autre qu'il faudrait taire de peur de deviner ses véritables intentions, celles de tirer les vers du nez de son interlocuteur. Une personne chargée d'enquêter sur un vol, un assassinat etc. a recours à ce genre de pratique. Une recherche d'un suspect ayant une motocyclette de couleur bleue, quatre vitesses, il dit rechercher une moto de couleur rouge ! Que de fois, la personne recherchée, non au courant de l'enquête menée sur elle déclare posséder l'objet de telle couleur au lieu et place de celle décrite, résultat, il est épinglé sans grande peine.

....

Une question n'a de valeur que l'explication fournie par la personne interrogée.

Chapitre : 06

Ces réflexions sont le lot quotidien de quelques individus, simples citoyens de leur état ou spécialistes ès...

.... A un moment donné, j'ai envisagé de consulter un médecin pour tirer au claire cet état de fait qui me prenait de temps à autre. Oisif, je l'étais depuis un certain temps. Après vingt- huit années de dur labeur, de la tête jusqu'aux pieds rien n'allait plus. De force, je poussais ma personne qui refusait d'obéir, surtout le cœur qui en a pris un coup sérieux. Comme arrivé à la croisée des chemins, une énième depuis ma venue au monde, il me fallait une raison de vivre, autre que celle de fonder un foyer et perpétuer une race. Suis-je sensible outre mesure ? Une question que je me suis toujours posée, un tas d'autres questions ne cessaient de me triturer l'esprit. Combien me reste-t-il à végéter sur terre ? Retraité, j'essaye actuellement de vivre au ralenti sans trop me casser la tête. Des individus de ma trempe ils existent bel et bien, un tas, là où j'ai mis les pieds. Cependant, aujourd'hui j'ai repris espoir de faire une découverte extraordinaire, celle d'un chercheur un peu bizarre, un certain Mr. Soual.

Chapitre : 07

Chers auditeurs qui suivez votre émission préférée : « on aura tout vu » réalisée par notre chaine… on vous emmènera aujourd'hui visiter une galerie d'exposition afin de faire la connaissance d'un bonhomme non encore connu du public ; peut-être, que notre envoyé spécial réussira-t-il à le faire sortir de l'anonymat—il expose, devinez quoi ? Chers auditeurs… après une chanson nous y reviendront… une chanson du regretté… est passée : « les temps sont difficiles » ce n'est pas par pur hasard, en effet, l'animatrice a voulu mettre les auditeurs dans le bain, les préparer psychologiquement par cette chanson qui pose une série de questions : si j'étais en mesure de faire, je serais comme un nouveau, je n'attendrais point, je déménagerai, je changerai ! Peut-être que les auditeurs ont deviné le domaine que l'envoyé spécial va aborder, une exposition de peinture, de caricatures etc. pourtant, moi, très imaginatif, j'ai été pris de court. Exposer des questions !? Nous sommes à quelle époque Messieurs, Dames ? Et l'envoyé de la radio nous tient en haleine en nous faisant franchir avec lui le seuil de la porte et de s'arrêter au premier tableau.

Attention ! une personne vient à notre rencontre.

Chapitre : 08

---- Messieurs, Dames, soyez les bienvenus. Moi, Mr. Soual, Interro, pour les intimes, vous êtes ?

---- de la chaine radio qui émet en FM, grandes et ondes courtes ; nous couvrons pratiquement tout le territoire et avons de fidèles auditeurs via le satellite...

---- et vous comptez faire quoi au juste ?

----- passer avec vous au moins une heure et demi ; vous serez d'ailleurs payé pour cette émission, en plus de la publicité faite pour faire connaitre cette manifestation culturelle ; peut-être que d'autres auditeurs seraient touchés et risqueraient une randonnée de ce côté –ci ?

....

----- trois salles, vous dites ?

----- oui, la première pour des questions d'ordre général ; la deuxième, des questions disant un peu spécifique... enfin, la troisième, des questions qui sortent de l'ordinaire, réservées à des connaisseurs, pourquoi pas des initiés...

Combien de personnes ont suivi le guide à travers la galerie d'exposition, une exposition unique en son genre ? Dieu seul le sait.

Mr. Didou retraité de son état depuis..., une retraite anticipée afin de bénéficier d'une prime de départ   ai-je fait le bon choix en mettant un terme à la vie active ? Beaucoup de mes collègues me l'ont fortement déconseillé et qu'est-ce que vous allez faire, une fois désactivé ; rester à la maison, tenir compagnie à la bourgeoise, l'aider à éplucher les pommes de terre ? Des propos de ce genre ont été le lot quotidien de quelques – uns, des envieux, ne pouvant suivre mon initiative faute d'âge non requis, et puis d'autres non au courant de ma situation d'hébergé par un tiers et aspirant à avoir un logement décent. En tous les cas de figure, rien qu'en émettant le vœu de rompre le contrat de travail, le destin était au rendez-vous de façon à ne plus pouvoir faire marche arrière, un collègue me propose une baraque dans une cité évolutive, presque en rase campagne pour un prix dérisoire mais ne pouvant être amassé que par le moyen de sacrifices faites durant de longues années, de privations allant des effets vestimentaires au pain à l'eau comme repas. A tort ou à raison, je me suis installé dans une nouvelle demeure en attendant des jours meilleurs. J'ai construit deux autres chambres pour les enfants et j'ai pensé me reposer quelques temps avant de chercher à faire quoi que ce soit. Entre lire et écrire ce qui me passe par la tête, jouer de la musique avec une vieille guitare, j'écoutais la radio. Par pur hasard, j'ai témoin de ce que j'ai compris du message adressé par Mr. Soual à ses concitoyens au niveau national et international.

Chapitre : 09

--- pourquoi ?

Le premier tableau accroché dans la première salle affiche cette question. Toute seule elle n'a aucune signification. Le deuxième tableau lui aussi étale un : comment ? Ambigu ; et puis un tas d'autres qui s'interrogent sur le lieu etc. liées à une circonstance donnée, cela est toute une histoire. Un pourquoi ouvre toute un champ d'action ; une vision des choses à court, moyen ou long terme ; un espoir caressé ; une place convoitée etc. et puis la deuxième question : comment ? Pourrait-elle aussi lever le voile sur un savoir accumulé au fil des années ; une technique nouvelle découverte ou empruntée à un tiers voire volé, retapée et remise au gout du jour en conservant une qualité d'hier. D'un pourquoi ? Posé par un employé à son chef a laissé ce dernier suspendre son geste et sauver l'entreprise d'une faillite. Comment a fini par jeter du doute sur la faisabilité d'un projet fallacieux, vu la situation de l'entreprise qui n'a pas les moyens humains et financiers.

Un troisième tableau représente un point d'interrogation dans un espace vide « ? » Mr. Soual commente par ceci : ... de moins l'infini à plus l'infini, un individu, cherchant à se situer dans l'espace et dans le temps, est en mesure de chercher à savoir, à donner un sens à son existence. Que sait-on au juste ? On nous raconte un tas d'histoires liées à notre venue au monde. Un premier temps, naïfs jusqu'aux bouts des ongles, on avale n'importe quoi. Certains parents laissent leurs enfants faire la découverte de ce monde, une véritable jungle en folie, d'autres se font passer pour des super héros et les exhortent à se surpasser Où ?

Associé à un tas de propos, on s'interroge sur une destination à rejoindre, un but à atteindre. Moi, Soual, j'ai été somme par feu mon père de lui ouvrir mon cœur. En me voyant errer sans but, il s'est enquit de me voir faire du surplace en décrivant de larges cercles ! Où comptes-tu aller comme çà ? Toute une histoire a été débitée par mon auguste personne. J'ai joué ma seule carte en envisageant d'immigrer au Canada ! S'en est suivi alors une série une série de questions et pour y répondre c'est l'équivalent d'écrire un bouquin en bonne et due forme. Cependant, lui n'a pas exigé de lui donner une réponse sachant bien que pour m'expliquer il faudrait faire travailler ma jugeote alors que lui voudrait me décourager et faire tomber à l'eau mon entreprise fallacieuse à laquelle moi je n'y croyais pas non plus.

Mr. Soual s'arrête devant un autre tableau où trône un : Si ?

Une condition, dit-il, avec laquelle on construit tout un monde. Avec si j'avais, si j'étais, en terme d'interrogation, l'espoir sinon le remord suive impérativement. Qui de nous ne les a pas utilisés ? À bon escient, à tort ou à travers, essayant d'entrevoir une possibilité de faire mieux ou d'avoir une raison valable genre échappatoire.

« Si tu étais là, tu aurais donné une leçon à untel pour avoir osé stationner son véhicule devant ton garage ? Un minus comme toi ? Parce que moi je l'ai vu le proprio du camion de marque .... Un géant d'un mètre vingt dix et plus peut-être. Comme une mouche, il t'aurait écrasé, je te l'assure, et sans déployer un grand effort...

C'est là une des scènes vécues au quotidien, dit Mr. Soual. Lorsqu'on habite en ville.

Chapitre : 10

J'ai fini par m'assoupir avant que l'émission ne s'achève. J'ai voulu aller loin car Mr. Soual m'intéresse avec son idée originale, du jamais vu. Je suis allé lui rendre visite à la galerie d'art. Tout seul j'ai scruté tous les tableaux, les trois salles avec leur lot de ce qu'un individu selon sa position sociale, son intelligence et son instruction puisse avoir comme idée. Effectivement, mon déplacement n'a pas été inutile puisque cela m'a permis de savoir que, le langage humain quel qu'il soit, consacre une grande place à la forme interrogative. Faire le tour de la question ; il est question de… ; là est toute la question ; il n'est pas question ; question d'actualité, de l'heure, du siècle ; question hors contexte etc. trois salles dont les murs sont tapissées de tableaux lesquels posent des questions d'apparence banale parfois, ambiguës poussant le visiteur à imaginer des histoires, tout un monde imaginaire. Enfin, surtout dans la troisième salle, là vraiment on pourrait perdre sa langue maternelle, du moins en ce qui me concerne.

Didou que je m'appelle, je crois sincèrement que Mr. Soual m'a chipé cette idée qui aurait pu être mienne sans le fait que je ne l'ai jamais vu auparavant. Je me souviens comme si cela datait d'hier, en train de jacasser à perdre haleine, demandant des renseignements sur n'importe quoi. Encore gosse, j'ai eu l'occasion de voyager trop souvent avec mon père, une quarantaine de kilomètres à faire pour rendre visite à ma famille. Tout au long de la route je ne cessais de m'enquérir du lieu qui se dessinait de loin sinon à proximité de la voie. Mon père n'a jamais été agacé par ma quête du savoir, celui de me situer dans l'espace et dans le temps. Au contraire, des fois c'était lui qui me taquinait en me disant je parie que cet endroit tu ne le connais pas… ?

Au marché, une autre histoire quant à savoir le prix de tel fruit ou légume, telle voiture etc. à l'école, par contre, après quelques temps mon maître a vu la nécessite de m'emmener voir le directeur, mes parents furent convoqués eux aussi. Puis ça a été carrément d'avoir des séances avec une dame en blouse blanche. Un psy, m'a-t- ont dit, qui se lassa vite de mes sorties imprévues, et de déclarer avoir affaire à un cas particulier. En l'espace de six mois de mon entrée à l'école, j'étais devenu un cas ? Ecouter, et seulement écouter, a été la consigne à observer à la lettre ; plus tard, avec beaucoup d'attention, peut- être, serais-je à même de saisir le sens caché de certaines choses. Des années se sont succédé, et moi en parfait handicapé je cessais parfois la quête de vouloir avoir une réponse à quelque chose. J'ai quitté l'école, je suis sorti de l'adolescence et entré dans le monde du travail. J'ai été enfin libre de toute contrainte limitant de faire l'intéressant par le fait de chercher ce qui se trouve sous le couvercle de... bizarre, j'ai été vu par bon nombre de mes collègues.

Cependant, j'ai pensé avoir emmagasiné une certaine culture, jugée bonne, à faire passer à mes semblables, témoignage de mon passage sur terre. J'ai décidé d'écrire mes mémoires, celles d'un individu simple, peu instruit, et tout ce qu'il glané çà et là n'a rien d'exceptionnel. J'avais en tête de meubler un creux qui pesait sur mon cœur au quotidien, du n'importe quoi qui me tracassait ; l'essentiel c'est de faire marcher la machine qui roupillait dans ma tête. Certes, j'avais entendu parler de quelqu'un qui au début n'avait aucune idée quant à ce qu'il voulait faire, c'était surtout de donner un sens à son existence, et toutes les personnes consultées à l'unanimité lui ont conseillé d'avoir la ferme conviction de s'engager et de faire un premier pas sans quoi rien ne se fait et au lieu et place de cela s'installe une sorte de routine. Dans n'importe quel domaine il y a toujours un bon et un mauvais sujet sinon un médiocre : un bon et un médiocre médecin de même qu'un ingénieur, technicien, ouvrier etc. le temps de trouver l'objet convoité, et me voilà parti en retraite anticipée. Pour des raisons diverses j'ai jugé bon de percevoir un petit pécule, mieux que rien, et de concentrer toute mon énergie sur une recherche d'ordre social. Oui, j'ai pensé avoir beaucoup écouté, beaucoup vu, de gens souffrir, pleurer, se plaindre à longueur de journée. Cependant, j'ai retenu deux cas qu'il convient de relater leur histoire, et qui vont confirmer sinon une quête du savoir et mes éternelles interrogations.

" Pourrait-on mourir de faim en l'an 2000 ? Amour et Khalid, quoi qu'ils me dépassent de deux ans d'âge pour le premier et de trois ans pour le dernier, sont passés par les bancs de l'école primaire avec moi. Issus du même milieu de prolétaires, néanmoins, tous les deux étaient logés à meilleurs enseignes que moi ; leurs pères avaient le sens de la responsabilité comparativement au mien qui critiquait la conduite de ses semblables, louait son auguste personne en s'attribuant le surnom de « Hassan » (le meilleur), en disant : --- regarde ce qu'a fait ton père Hassan ! Bref, mes deux camarades de classes ont été exclus de l'école en sixième année primaire pour dépassement d'âge, 14 ans, moi, j'ai poussé mes études un peu plus loin.

....

En ce qui concerne Amour çà a été directement le monde du travail. Après avoir fait différents petits métiers le voilà installé au sein d'une entreprise nationale. Amour, parlait surtout d'un physique hors pairs, d'un individu conçu pour être un bon ouvrier; Khalid, lui, par contre était hors du besoin, son père un peu vieux était en retraite, il percevait un pécule et pratiquait en parallèle l'élevage de poulets, avait quelques moutons à paitre, presque un hectare de terre sur lequel il a construit une petite écurie etc. et puis un frère ainé qui habitait de l'autre côté de la mer l'aidant un tant soit peu en lui envoyant de temps à autre un colis, chemises et pantalons dernier cri, et ce dernier commençait déjà à s'intéressait à la gente féminine.

Y a –t-il des lois qui régissent l'existence de tout un chacun sur terre ? Amour et Khalid ne se sont jamais posée cette question réservée surtout à ceux de la trempe de Mr. Didou pour qui la difficulté a été érigée en bouclier lui barrant l'accès à n'importe quel bien ; se faire une situation et avoir une place au soleil, c'est l'équivalent de faire le parcours du combattant.

Amour et Khalid se sont mariés presque la même année. Khalid, lui aussi, a fini par trouver un boulot comme son ami. Durant quelques années se fut le beau fixe, une journée à passer à l'usine pour revenir le soir retrouver sa Bienne aimée, puis les enfants vont naître à rythme régulier à raison d'un enfant tous les 12 mois. Une limite à s'imposer ? Un cercle fermé à poursuivre sa circonférence sans faillir d'un pouce. Un lendemain !? Les jours se suivent et se ressemblent. Un avenir incertain ? Qui te laisse imaginer de telles sornettes ? Et puis s'il y a difficultés cela touche toute la société, n'est-ce pas ? Donc, Amour comme Khalid ont choisi d'être optimistes ; au moins comme ça ils ont l'esprit tranquille. Ils oublient ces deux blancs becs que la société au sein de laquelle ils évoluent se cherche depuis un certain temps ; que la population en l'espace de dix années a presque doublé. Amour a poussé la bêtise un peu plus loin encore avec huit gosses et leur mère à sa charge, il a mis en chantier la construction d'une villa. Pour ce faire, il réduit sa ration alimentaire. Pas plus d'une année et l'organe cardiaque a commencé à faire des siennes. Il mourut malgré des soins intensifs. Khalid, lui, partisan du moindre effort a eu un cancer qui l'emporta.

Logeant dans une pièce cuisine avec six enfants, sa maladie, d'origine nerveuse, a aggravé un cancer qu'il couvait et qui aurait pu ne pas se réveiller qu'à un âge fort avancé. Amour et Khalid se sont posées toutes les questions imaginables sauf celles ayant trait au fonctionnement d'un organisme à entretenir par le moyen d'une alimentation riche en vitamines, savoir l'aménager en établissant un équilibre de : travail/santé etc.

Chapitre : 11

---- allo, Mr. Soual…

---- oui, à qui est-ce le plaisir ?

---- Mr. Didou…. voilà, je ne sais pas quoi dire pour avoir un entretien avec vous… qui suis-je ? Oh, un simple citoyen retraité. Ma mise sur voie de garage me pousse à fouiner un peu partout. Généralement, ça commence de cette manière. Parce que, voyez-vous, sans avoir fait de longues études on ne prétend pas mener une quelconque recherche. Cependant, c'est le cas pour moi, avec votre bon vouloir, je crois pouvoir vous faire part d'une expérience, la partager en quelque sorte.

--- venez ce soir…

----- à partir de 20hoo, si vous ne voyez pas d'inconvénient …

Au 05, rue des frères Lahoual, c'est un quartier de la petite ville où crèche Mr. Soual. Je l'avertis de mon arrivée dans les parages et il vient à ma rencontre. Il me fait entrer dans un grand salon. Une guitare, un banjo, une mandoline et un tas d'autres instruments à cordes, à vent, étaient accrochés aux murs ou bien trônaient dans un coin. Je me présente comme un simple citoyen mis en retraite anticipée afin de bénéficier d'une prime de rupture de contrat. Ce qui m'a permis de me payer un toit pour ma petite famille. Lui, Soual, est un artiste complet. Parolier, compositeur, interprète de la chanson, peintre, et récemment il fait ses premiers pas dans l'écriture romanesque. Deux de ses manuscrits ont été publiés et qui ont pour titre : le sens du regard et la facture de l'ignorance. Entre deux gorgées d'un café qu'il aime siroter avec bruit, il déclare tout de go : --- poser des questions est ma spécialité. J'aurais pu faire du journalisme, de la politique, au lieu de cela je trime un peu partout en faisant le décor des salons, des théâtres sinon les intérieurs de grands Messieurs genre grands cylindrés. Et j'anime des soirées de temps à autre en période estivale, mais ce qu'il y a de mieux chez moi est le rêve. Je rêve et je continue à rêver jusqu'à ce que mort s'en suive. Une thérapie que j'ai découvert un peu par hasard. Je réponds à une offre d'emploi trouvée dans les annonces d'un journal ou sur internet. Je m'ingénie à répondre par le moyen d'une demande où je me plais de donner le meilleur de moi-même en usant de formules qui ne sont pas à la portée de tout un chacun, j'envoie la demande, et le voilà que le poste proposé dans ma tête, il devient mieux que cela. Je ne reçois pas de réponses et je ne désespère pas et continue à chercher du travail sans un soupir. Voilà, j'ai toujours pris la vie du bon côté. Combien de questions un individu est en mesure de se poser, à lui-même sinon à un tiers durant toute une existence ? J'ai dépassé la cinquantaine et je n'ai pas encore fait le tour de toutes les questions. Il me faut le double sinon le triple pour arriver à cela sinon jamais. Au gré des problèmes au quotidien, de la bonne santé ou de la maladie, de travail ou de chômage ; de la politique qui accorde une certaine liberté d'action ou de fermeture genre chape de plomb, j'ai vécu comme bon nombre de mes semblables. A défaut de sombrer dans la folie, ou d'essayer de trouver d'autres issues comme par exemple vivre en marge de la société, j'ai essayé de traiter les sujets avec intelligence. Agissons-nous toujours dans le bon sens ? Une des premières questions que je me suis posées, il y a de cela quelque un quart de siècle, et j'ai mis beaucoup de temps pour y répondre. D'ailleurs, certaines questions demandent de faire des études, une étude approfondie du problème qui se pose, aller très loin en remettant en cause des us et coutumes. Et puis un jour j'ai jugé, peut-être, avoir compris au moins quelque chose. Une question quelle qu'elle soit n'a droit de cité que si elle se situe dans un contexte donné.

Chapitre : 12

Drôle de question pour quelqu'un sensé savoir que... ou avoir tel ou telle...

De quoi ou de quelle question s'agit-il ? Le qualificatif de drôle pourrait être remplacé par : étrange etc. la question pourrait bien être de cette nature.

Ambiguë, elle pourrait au contraire être sensée au plus haut point, seulement, l'interlocuteur enfoncé jusqu'au cou dans la fange de l'ignorance, en ce qui concerne son locuteur, juge la quête de ce dernier comme insensée.

Afin d'illustrer ses dires, Mr. Soual, ne trouve mieux que de peindre avec des mots une histoire vécue où lui a habité la campagne. Nouvellement installé dans une localité rurale, bien au début, ses voisins se montrèrent très gentils, courtois. Par la suite, une de ses voisines porta un intérêt particulier à son égard. Quelques temps après ça a été carrément de la provocation. Après mûres réflexions, Mr. Soual cru saisir le message adressé par la voisine, et ça a été vraiment une question hors contexte : comment, lui, Soual, père d'une famille serait-il l'objet de convoitise de la mère de cette voisine !?

En examinant l'affaire sous toutes ses facettes, il n'y avait pas de doute quant à cette tentative acharnée pour briser un foyer. Il y avait eu tout d'abord une fausse information, comme quoi que la mère de cette voisine, installée chez son frère, allait bénéficier d'un logement, un superbe appartement dans une ville de la région ; quelque chose qui fait couler la salive à un individu venu habiter la campagne faute de pouvoir se loger ailleurs et ayant longtemps habité la ville. Quelques temps après ça a été des fleurs jetées sur son chemin : la dame déclara éprouver de la sympathie à l'encontre de Mr. Soual qui a la bonhommie de feu son père ! Et après les bonnes manières pour le faire tomber dans son guêpier, la méchanceté prit place. Seulement, la question posée par Mr. Soual celle de : comment cette opération de destruction pourrait prendre forme ? Elle demeura en suspend.....

Beaucoup plus tard, en effet, Mr. Soual sut par hasard que le caractère de cette mise en scène avait pour toile de fond une science occulte, que même le mari de la voisine ignorait totalement. Ce que la voisine, elle aussi, ignorait, c'est le fait d'avoir affaire à quelqu'un de très instruit dans ce genre de pratique ou plutôt avait l'antidote.

Chapitre : 13

Une fois, une question posée, elle ne demande qu'une réponse. Mais, il est des cas où il faudrait éclairer autant que faire se peut. Toute une série d'autres questions viennent à la rescousse afin de suppléer la première interrogation sinon ouvrir une brèche sur une chasse gardée. Avant de trancher une bonne fois pour toute, on s'ingénie à chercher à bien connaitre la personne à qui on a affaire, des choses insignifiantes pour les uns, auront une grande importance aux yeux d'un spécialiste en la matière. Sans aller par trente-six chemins, un homme averti crève l'abcès, il fait du mal à l'autre ou le fait à lui-même, peu importe, l'essentiel c'est de toucher au but.

Vous vous étonnez lorsque quelqu'un expose des questions, dit, Mr. Soual ? D'autres, pourtant ne sont sollicités rien que pour les poser ! Lors d'un procès quelconque, le procureur de la république donne un aperçu aussi clair que possible sur : un vol ; un meurtre, perpétré par une personne présente dans le box des accusés, il précise la peine prévue par la loi dans ce genre de délit en demandant l'application maximale. Commence alors l'intervention de l'avocat de la défense, qui représente son client, et sensé bien connaitre la loi pénale, ses point forts et ses défauts ; n'est- pas que ce qu'entreprend l'être humain est sujet à la non perfection ? Rien qu'avec des questions il arrive, cet avocat, à lever le voile sur un monde relatif à son client ---- Mr. untel, mon client, est innocent, clame-t-il. Qui prouve que c'est bien lui l'assassin ? Parce qu'il a eu récemment une dispute avec la victime ? Voyons ! mais cela peut arriver à n'importe qui d'entre nous. Mon client n'a pas un argument valable concernant sa présence sur le lieu du crime ? Moi, j'ai des preuves qu'il a été appelé par un tiers en connivence avec untel qui d'ailleurs a un casier judiciaire, un repris de justice, trafiquant de stupéfiant etc. je ne le vois pas ici, pourquoi ? Avez-vous songé à le citer ne serait- ce que comme témoin ? Ah !je vois que vous pensez que le mobile du crime est le vol, et que mon client, qui s'est fait une situation après de longues années de dur labeur, sa fortune il l'a subtilisée au défunt !

Ne sommes-nous pas devant un juge d'instruction nouveau, sans expérience, qui a tendance à vouloir boucler à la va vite un dossier en épinglant le premier venu, trouvé par hasard dans les parages ?

Des questions à la pelle, de quoi charger tout un camion grand tonnage, et la réplique de l'avocat à charge ; l'intervention du médecin etc. eux aussi poseront d'autres questions plus moins ambiguës, à dessein, en quête d'une vérité, ou carrément cherchant à fourvoyer juge et avocats dans les dédales d'une voie sans issue. De tel procès durera des mois voire des années, et qui tire profit de cette situation, le présumé coupable ou le vrai meurtrier ?

Mr. Soual prend une gorgée de café et m'interroge, moi Didou. Tout de suite il décèle dans mon regard une quête d'un maximum d'informations et il ré enchaine--qu'est-ce que fait ou est sensé de faire un conseillé d'un responsable à quel niveau qu'il soit ? Apporte-t-il toujours des solutions à une entreprise en difficulté, voulant prospérer ? Il pourrait avoir avec son responsable un dialogue tel que vous parlez d'un produit nouveau, à fabriquer ? Ça pourrait se faire, mais à quel prix ? Monsieur, faut-il vous rappeler qu'une unité produite n'est dite conçue que si elle trouve acquéreur ? Des équipements à acheter, à installer ; un nouvel entrepôt à aménager ; un personnel qualifié à recruter. Et il y a la concurrence, déloyale, à prendre en considération. Un produit mort-né, cela n'existe pas ? Comment lui donner longue vie et puis veiller à le maintenir en phase de vache à lait ? Cette opération sort du domaine de ma compétence, il faudrait demander au service commercial sinon avoir recours à un expert hors circuit. En dernier lieu, et c'est ce qu'il y a de plus important : le coût d'une telle tentative. Et si, malgré toutes les précautions prises, il y a échec, accepteriez-vous, Monsieur, de déposer la clé sous le paillasson ?

Du doute en forme d'interrogatoire ; voilà ce qu'un conseillé est en mesure d'ériger comme une barrière infranchissable. Il pourrait s'agir d'un opérateur double, introduit telle une taupe dans le but de ruiner un employeur. Afin de prouver son intégrité, faut-il recourir à une contre-expertise ?

En dernier lieu, Mr. Soual aborde le métier de

psy.

Chapitre : 14

J'ai suivi le conseil de Mr. Soual en mettant en pratique ses recommandations, celles d'aller sur le terrain et consulter un psy. J'en ai choisi un des meilleurs par sa renommée signalée. Très chères ses séances qu'il dispense à des individus, la plupart du temps, sujets à troubles divers. Avec moi ça a été toute une autre histoire. Après les présentations où j'ai simulé être mal dans ma peau, le toubib m'a demandé de m'étendre sur une sorte de brancard, lui s'est tenu derrière moi, en retrait de façon à ce que je n'arrive pas à le voir.

--- vas-y, raconte, me dit-il.

---- quoi, par exemple, puisque je vous l'ai dit que rien ne va plus en ma personne ?

--- tout ce qui te passe par la tête… même de la bêtise elle est la bienvenue… J'ai hésité un temps avant de commencer à parler.

---- voilà, j'ai dit, combien de temps me reste-t-il à vivre, une dizaine d'années sinon moins ? Ma santé à coup sûr n'est plus très bonne ; ma vision n'est plus assez claire que celle d'antan ; mon ouïe, elle aussi, a tendance à faire des siennes, des fois je mets un temps pour saisir les propos de mon interlocuteur, sans ses gestes qui attirent mon attention sur ce qui n'est pas un simple bruit. Fatigué ? Disons plutôt que je traine la patte et que je pousse un corps, las, contre sa volonté. Où est-ce qu'elles sont les longues veillées durant l'été ? À des heures sonnantes j'ai envie de m'étendre, suivre des films longs métrages ne me tente plus ; à quoi bon ? J'ai l'impression qu'après avoir gravi une pente jusqu'au sommet, j'ai entamé depuis quelques temps une descente, doucement mais surement. Autrefois, pendant que certains individus couraient derrière des sous, moi, j'ai été beaucoup plus tenté par accumuler un savoir ; maintenant le cœur n'y est plus. Ai-je tout compris ? Je ne le pense pas. J'ai l'impression d'avoir meublé toute ma tête, et ce qui reste, normalement, ne pourrait plus être occupé que par quelque chose de vraiment spécial, unique en son genre...

Je me tais mais le toubib me somme de continuer car il se colle aux roues de mon véhicule. Je lui demande donc de m'aider en cherchant le fil des idées presque égaré en cours de route. Je poursuis ainsi des fois, sans m'en

rendre compte, je me surprends en train de penser à mon existence sur terre. En dehors du nom que je porte, qui suis-je réellement ? Le qualificatif d'être humain ne me suffit plus. Une créature parmi tant d'autres, plus intelligente sinon plus apte de par ses mains dont elle est dotée ce qui lui permet de concevoir des moyens de déplacement rapide, des moyens de production etc. et puis cette culture transmise à travers les générations, tout cela a permis d'avoir le dessus sur les autres êtres vivants qui peuplent la surface de la terre. Pas pour longtemps en ce qui concerne un individu lui-même qui est appelé à disparaitre après un laps de temps relativement court par rapport à la création de notre univers. Au- delà de cet univers, il y a quoi ? On parle de milliards de galaxies qui ressemblent comme des gouttes d'eau à la nôtre... puis il y a quoi d'autre ? Qui a tort, et qui a raison ? Celui qui des fois se laisse crever plutôt que de toucher au bien des autres, ses semblables, ou celui qui rien ne l'effraie, rien ne l'émeut ? Pour celui qui vit sans faire la différence entre le bien et le mal faut-il dire que certains individus ne cherchent qu'à subsister le plus longtemps possibles entendre parler d'un enfer ou d'un paradis dans un autre monde auquel ils ne croient pas ou peu, l'enfer auquel il croit il le voit aussi bien que le paradis sur terre. Quel crédit accorder aux dires d'un citoyen qui n'arrive pas à joindre les deux bouts, et puis à ceux de quelqu'un qui roule sur l'or ? Les uns peuvent soutenir une autre logique qui dépasse notre vision, en qualité de simples créatures, et que la vérité est à la fois simple, d'un côté, et trop compliquée de l'autre. Et moi, où pourrais-je me situer ? Je me plains à longueur de journée.

La séance est finie, déclare le toubib. Je l'interroge du regard en portant ma main à la poche. --- non, pas pour aujourd'hui, nous ne faisons que commencer. Vous me payer, pourquoi ? Je n'ai rien dit ; d'ailleurs, pourrais-je le faire ? Je n'ai rien compris ou plutôt, il faudrait reconsulter mes notes prises à la va vite, les réunir avec celles des autres séances à venir afin de me faire une idée sur votre cas, car vraiment vous en êtes un jusqu'à preuve du contraire. Peut-être que je me trompe ?

....

J'ai revu le psy pour une deuxième séance. J'étais fatigué ce jour-là et j'aurais dû la reporter à une date ultérieure. Seulement, en faisant mon entrée j'ai trouvé le toubib occupé et j'ai dû attendre mon tour. Toutefois, sans le vouloir vraiment, quelques bribes de la conversation me sont parvenues à travers la porte, fermée, du fait que le patient parlait fort, une voix métallique. Et qu'est- ce qu'il n'a pas raconté le bonhomme ?

---- vous dites que je me fais de fausses idées ? Cela est possible, mais vous, pouvez-vous m'indiques le vrai du faux ?

Encore des questions, que je me suis dit, finalement tout le monde en pose ; et à l'autre de continuer---- la bonté mal placée ou placée en mauvais endroit ; voilà ce que moi je pense.... On dirait des actions sans valeurs en bourse. Seulement, moi, sans trop y réfléchir j'ai choisi de faire le bonheur des autres, oubliant un tant soit peu ma triste situation. Je voyais la misère un peu partout où je mettais les pieds. Pourtant, il aurait fallu une seule question à me poser pour être soulagé : suis-je responsable de la misère des autres ?

---- et vous vous l'êtes posée tout de même ?

---- trop tard, à un moment où j'ai épuisé tout mon énergie.... J'ai été esclave et plus encore quelqu'un de demeuré ! Les autres pour lesquels j'ai sué sang et eau ont vite trouvé un prétexte quelconque pour me fausser compagnie.

Le bonhomme a fini par ranger son frein. Je l'ai vu sortir la tête basse de quelqu'un d'abattu. Il ne lui manquait pas plus que de me dire vas-y prends ma place ; moi je m'en vais pour ne plus revenir ; et toi, toubib, de mes heures creuses, je doute fort que tu puisses m'être d'un secours quelconque, encore moins à un cas de vraiment compliqué.

....

Ai-je fait une entrée spectaculaire, pour impressionner le psy ? Je pense ne pas être le cas, celui auquel mon prédécesseur fait allusion. Pendant un laps de temps, je suis resté muet, la tête dans les nuages.

---- alors ! me dit le toubib, vous envoyez le jus pour aujourd'hui ou c'est pour demain ? Ou que vous avez mal dormi hier ?

--- en effet, répondis-je, j'ai eu une série de cauchemars ; pourquoi ? Je payerai cher pour avoir le cœur net...

---- vas-y, allonge, le rêve le plus absurde a une signification.

---- non, ce n'est pas la peine, mais je voudrai parler d'autres choses plus importantes : le patient qui m'a précédé, je m'excuse d'avoir intercepté ses propos à travers la porte, a mis son doigt sur une de mes plaies. Peut-être, ne trouverez- pas de rapport avec ce que je vais vous raconter, mais moi j'ai l'esprit contradictoire. Le plus étrange en ma personne est le fait d'ouvrir un dossier à chaque individu avec lequel je suis appelé à avoir des contacts plus ou moins répétés ! Tout le monde pense comme moi ? J'attends de vous un éclaircissement à ce sujet. Combien est le nombre de dossier dans ma tête ? Là est une question à laquelle je ne pourrais répondre. Des fois, des individus perdus de vue durant un laps de temps relativement court ou au contraire très long. Tout d'un coup, ma mémoire réactive le dossier, relatif à untel, presque remis aux oubliettes. Douteux de nature ? J'ai la ferme conviction que non, et c'est là le véritable problème. Moi, au contraire, j'ai toujours cherché la réalité, la vérité vraie. Tenez ! par exemple, un de mes voisins a cessé du jour au lendemain de m'adresser la parole ! Pourquoi ? Et j'ai eu la peine, beaucoup de peines, afin d'avoir une idée sur son comportement qui prête à équivoque.

Toute une histoire, un monde caché, à découvrir au fur et à mesure que ce bonhomme activait dans un sens, à la poursuite d'un but, motus et bouche cousue. Combien de fois j'ai surpris son entrée sur scène avant d'avoir un soupçon de doute quant à sa démarche ? Une série de sortie imprévue, le matin, le soir et tard dans la nuit. Et puis j'ai vu la nécessité de me pencher sur son cas. Mr. Meziane, appelons- le comme ça, planait sur sa tête un grand point d'interrogation. Qui est-il, d'où vient-il et que fait-il pour pourvoir au besoin de sa famille ? Un flou total. Au soi-disant : avoir perdu son poste de travailau sein d'une entreprise qui a fait faillite récemment, la vérité est que cela a eu lieu il y'a dix années de cela. Depuis, il joue au chevillard ? Mon œil, pour quelqu'un qui se lève tard et fait toujours la grâce matinée ! Toutefois, le vrai problème se situe ailleurs. Le bonhomme simule, en vous voyant passer devant lui, recevoir un coup de téléphone en ajustant son portable à son oreille pour une conversation avec sa personne ; de bon matin, il se place en travers de la sortie de la cité de sorte à ne pas pouvoir l'éviter sinon que de rebrousser chemin et attendre qu'il s'en aille. Avoir affaire à un fou ? Pas le moindre du monde du fait, que sa famille ainsi que ses proches n'ont rien remarqué d'anormal dans son comportement. Mais moi pourquoi le trouverai-je toujours sur mon passage ? J'ai fini par ne plus lui adresser la parole moi aussi, même pas le saluer ; mon égo s'est froissé. Cependant, lui n'était pas prêt à démordre...

Chapitre : 15

Une question des plus simples qui demande des années de recherches pour y répondre ! Il a fallu résoudre le problème posé en procédant à la résolution d'une équation à deux inconnues, et encore le mystère reste à planer jusqu'à ce jour. De ce fait, Mr. Meziane devient X et le but qu'il recherche est Y. La valeur que j'ai pu attribuer à X est une valeur morale, bonne ou mauvaise ; quant à celle de Y cela peut revêtir un but à atteindre par l'intermédiaire de ma personne. Toutefois, sans connaitre Mr. Meziane et plus précisément son passé l'opération pourrait demeurer sans solution.

………………………………… …………………………… ………………………

La séance n°2 s'est également achevée sans que le psy ne daigne formuler son opinion. Très intéressé par mon histoire relative à Mr. Meziane, un peu tirée par les cheveux, il m'a recommandé avec insistance de revenir encore et encore car maintenant cela lui bouchait un coin. Et nous nous sommes quittés. On dirait que mon passage chez le psy a débloqué en ma personne je ne sais quoi. Le fait d'avoir ouvert mon cœur à une tierce personne a activé ma mémoire et voilà sans le vouloir vraiment cela me pousse à revisiter un passé lointain.

…..bien au début de ma carrière professionnelle, à plusieurs reprises, mes supérieurs m'ont donné des questionnaires pour avoir : refuser une mutation forcée, refuser d'obtempérer, refuser de livrer des documents arguant que je ne les détenais pas. En ce qui concerne les deux premiers questionnaires c'était carrément pour me faire payer à la place d'un fonctionnaire affreux, méchant et vilain. Néanmoins, un questionnaire quel qu'il soit n'est en fait qu'une demande formulée par un responsable désireux savoir le pourquoi du comportement d'un subordonné ayant des réticences à l'encontre d'un ordre donné, ou bien ne voulant pas l'appliquer du tout. D'une manière ou une autre c'es un rappel à l'ordre par le moyen de s'expliquer en répondant à une ou plusieurs questions, normalement, nette et précise. Et si le responsable n'est pas satisfait ou bien jugeant que cela mérite une sanction plus ou moins grave, allant parfois jusqu'au licenciement, un passage du mis en cause devant la commission de discipline devient impératif. Par trois fois j'ai été sommé de m'expliquer et par trois fois l'affaire fut étouffée dans l'œuf. A l'époque je ne m'étais pas renseigné sur la faisabilité de la chose que jusqu'au jour où en relatant les faits à un tiers, ce dernier s'étonna de mon ignorance : ---mais les responsables ne se mouillent jamais ni prennent un risque quelconque s'il y a une possibilité sur mille d'avoir une chance de me tirer d'affaire !

Le dernier questionnaire, que mon chef de service a brandi en usant de mots orduriers, est relatif à un dossier complet renfermant des demandes d'achats ; des factures proformas ; un tableau comparatif des prix, enfin des bons de commandes attribués à un fournisseur sélectionné ; des centaines de millions pour l'achat d'un moteur, venant d'outre -mer, disparu du jour au lendemain du magasin ? Selon des dires, le moteur en question n'a jamais été livré, juste une caisse vide ou remplie d'un tas de ferraille. Dans ce cas le réceptionniste au niveau du magasin ne pourrait qu'être complice avec l'acheteur. Et cette affaire a trainé durant des années ; une histoire à dormir debout ou bien tout un monde à l'envers à découvrir. La question appropriée à ce genre de cas serait : est-ce que cette pratique est faisable dans une entreprise quelconque? Et pour y répondre il faut plonger corps et âme dans une société du tiers monde. Toute une culture ou sous culture à découvrir aussi sans quoi on n'avancerait pas d'un pouce. A tous les niveaux, en effet, la corruption bas son plein. A haut niveau il y a à boire et à manger jusqu'à satiété. Quelques miettes sont laissées choir et qui sont disputées à coup de bâtons par des petits écrivaillons, des grattes papier, et encore il arrive que ça grince quelque part et c'est alors le sauve qui peut qui prime. Au besoin, le mis en cause essaye d'essuyer son forfait en désignant un innocent, tel un agneau à pousser à l'abattoir. Ce fut mon cas. Heureusement, que j'ai essayé de poser les questions qu'il fallait à la place bien précise. Le chef de service, un nouveau débarqué, ignorant donc presque tout ce qui s'est passé, avant son installation à la tête du service, je lui ai opposée une ignorance totale du dossier litigieux. J'ai été déchargé à un moment donné de cette affaire, alors pourquoi laisser en ma possession des documents qui ne me concernaient plus ?

Chapitre : 16

Pourquoi la roue de la bicyclette s'est arrêtée de tourner ? (ici la bicyclette veut dire progrès)

Cette question fut posée par un haut responsable ayant fait une traversée du désert pendant plus de vingt années, quelques-uns l'ont complètement oublié, d'autres n'ont gardé que son nom quant à son image elle s'est effacée de sorte que si un citoyen de la nouvelle génération se trouvait nez à nez avec lui il l'aurait confondu. Et voilà que ce personnage légendaire qui entre comme un coup de vent au pays. Pour avoir été un artisan de ceux qui ont mis le feu à la mèche de la guerre, cela pourrait lui conférer le droit au poste du haut responsable d'une institution de crise, sachant pertinemment que le peuple n'a pas été consulté ? Et quel diplôme sinon quel savoir avait-il sauf celui de savoir manipuler une arme à feu ? Et puis encore, arrivant à un moment de conflit entre deux tendances sinon plusieurs, qui tiraient chacune de son côté, soi- disant pour remettre la nation sur rails, les uns soutenaient, avec preuves à l'appui, que s'il y a crise elle serait d'ordre morale, qu'il y a une mafia politico financière à combattre. D'autres, au contraire, parlaient d'un courant de pensée, extrémiste, international, qui visait à revenir à une existence du moyen âge ! Lui, le responsable, sans une base politique, a pris position avec les uns et a voulu gouverner avec une main de fer. Le résultat n'est pas beau à voir et la question qu'il s'est posée est restée en suspens sans trouver de réponse.

Chapitre : 17

Qui est le premier : la poule ou l'œuf ?

Je pense que cet état de fait pourrait s'appliquer à toute situation qu'un individu cherche à expliquer. Devant quelque chose pas très claire ou ambiguë, du jamais vu ni entendu ou bien rapporté par quelqu'un mais pas vu sur le terrain, palpable, en chair et en os. Mal cerné, un problème suscite un tas d'interrogations. Notre connaissance en matière de : ... passe par des étapes successives et nos questions deviennent plus pertinentes autant que faire se peut. On a tendance, parfois, à vouloir en finir une bonne fois pour toute, et notre esprit dérangé nous fournit des réponses approximatives, toute une possibilité à mettre en œuvre afin de solutionner. Hélas, parfois ça grince. Tel un outil qui s'échauffe notre esprit passe carrément de la logique au raisonnement par l'absurde. On oublie un tant soit peu certains détails et on en juge d'autres comme aléatoires au détriment d'un essentiel complètement imaginaire, tiré par les cheveux. On avance à pas d'escargot, et il arrive qu'on observe un certain recule afin de mieux appréhender ce qu'on veut coute que coute décortiquer. Certains individus, par coup de chance ou bien ayant un grand savoir, accumulé au fil des années, arrivent à placer une réponse qui mettra fin à la question, ou bien s'en suit d'autres qui révèlent le caractère ambigu du problème lequel nécessite d'être revu, reconsidéré sous un angle différent. Un membre de notre entourage sollicité en la circonstance, ou bien sans lui avoir sonné, se met, soi-disant, à notre service. Il nous prend en pitié, cela soulage dans bien des cas, pas à tous les coups, car lui voit les choses en surface, le ravage causé par un souci, mais pas en profondeur. La notion de : les conseilleurs sont des mauvais payeurs, trouve ici toute son application. Au lieu et place d'une réparation, à dessein, un tiers enfonce sa dague profondément dans notre dos, avec le sourire aux lèvres.

....

Une réponse pourrait être un oui ou un non. Une phrase simple, parfois, suffit à dissiper un malentendu et éclairer la lanterne d'un individu égaré qui prend les propos de son interlocuteur à la lettre et retrouve facilement son chemin ou touche à son but tant convoité. Des fois, on prend tout son temps pour réfléchir à tête reposée, pour qu'en fin de compte pondre, tel un œuf tout chaud, une réponse qui résume toute une explication, un cheminement de pensée qui prend son départ d'un point nommé X pour aboutir à un autre point nommé Y. Avec argument à l'appui, des réponses genre tableau de peinture avec comme toile de fond une vérité vraie sinon rien qu'un vernis genre trompe œil, sont le lot quotidien de quelques spécialistes en matière de glisser sur des sujets relatifs à des domaines bien précis. Orale ou écrite noir sur blanc, on sue eau et sang pour mettre dans le bain un interlocuteur qui a déjà son idée à défendre et rien d'autre. Un dialogue de sourd s'en suit généralement.

Des réponses tenues en secret genre motus et bouche cousue, jusqu'à ce que quelqu'un d'éveillé les étale au grand jour, prévalent dans des milieux restreints. Ces réponses sont susceptible de rester très longtemps voilées, et il suffit, parfois, d'un événement qui bouleverse l'existence de toute une nation pour qu'un partisan du changement, par exemple, prenne son courage à deux mains et ose par le truchement de sa voix, presque timide, comme qui dirait : sans cette catastrophe éminente je me serais tu. A ce titre, un exemple des plus éloquents a été cité par Mr. Soual à qui, moi,

Mr. Didou j'ai été le voir juste après avoir fini avec le psy lequel a déclaré ne pas pouvoir situer mon cas parmi ses patients tout au long d'une dizaine d'années d'exercice. En bref, Mr. Soual a cité l'exemple d'un ex-responsable politique, un ex-militaire mis en retraite par le fait d'avoir refusé d'abdiquer à la dictature d'un chef d'un état du tiers monde. Qui était ce chef de l'état contesté ? Pour y répondre un grand bouquin ne suffirait pas. Ancien combattant puis une carrière militaire d'actif ; en dernier lieu, et ce qui compte le plus pour être nommé à la tête du gouvernement, c'est des grosses larmes versées lors des funérailles de son prédécesseur. Cependant, ce dernier ne put rester longtemps aux commandes et a préféré se retirer pour des raisons de santé. Il fallait donc un remplaçant au président partant et le choix a été porté sur la personne du mis en retraite anticipée. Il aurait pu refuser ce militaire qui a fait son temps et se positionner dans ses limites de connaisseur de l'art de la guerre seulement. Mais non, ambitieux jusqu'aux ongles, il n'a pu résister. Oh là là ! Qu'est- ce qu'ils n'ont pas fait les vrais décideurs, ceux, qui de par leur poids sur la scène politique, font et défont le pouvoir ? Une catastrophe pire qu'une bombe atomique qui a miné les quatre coins du pays. Et pendant ce temps, lui, le président était bercé par des illusions, mine de rien ne voyait que du feu !

Il a fallu une sortie hors des frontières pour ouvrir les yeux, sur ce quoi ? Dieu seul sait, et puis que lui était le dindon de la farce. Il déposa sa démission et un autre gai-luron prit sa place. Une vingtaine d'année après, un chef de parti, dit de l'opposition, lâcha le morceau. Mr. Soual et une minorité, peut-être, ont saisi le message qui était formulé en une question simple : pourquoi Monsieur... a préféré partir au lieu de résister ; il a préféré fuir que de tenir ? Le chef du parti politique a répondu à la question posée par lui-même : ---tout simplement parce qu'il n'avait aucune base politique susceptible de le soutenir ; une vérité amère à laquelle l'ex-militaire est parvenu après des années de errements, lui le faux comédien précipité de force sur la scène politique dont il ne connaissait ni les tenants ni les aboutissants !

Chapitre : 18

Je pense, moi, Didou, avoir appris ma leçon, et après de longues années d'apprentissage, d'aventures et de mésaventures, me voilà fin prêt apte à donner mon avis en soulevant une tempête de questions là où je mettrai les pieds, mon souci est d'éclairer la lanterne des gens se trouvant dans mon environnement immédiat, je poserai des questions, bien ajustées. Les réponses aussi que je donnerai doivent être aussi claires, nettes et précises, que possible. Des idées, qui ont trait aux différents domaines de la vie courante, j'en ai plein la tête ; c'est le sérieux au sens propre du terme qu'il me faut, et d'ailleurs à tout un chacun désireux participer à l'édification d'une nation pataugeant dans une boue du moyen âge.

Se poser des questions est le propre de l'homme. Chercher à apporter des réponses est là un moyen de vouloir aller de l'avant sur le chemin du bien - être et de la prospérité. Cependant, est-ce que tout le monde use de questions et de réponses à bon escient ? Pas toujours, et le pire des choses dans cette quête d'un savoir, une recherche surtout de soi et de son devenir, c'est le fait d'avoir affaire à de faux prophètes ; de faux savants, de gens mal intentionnés lesquels cherchent plutôt à égarer leurs semblables. Enfin, la pire espèce serait des gens malades, atteints d'un mal inconnu par la quasi-totalité du commun des mortels. A cet effet, je citerai une expérience personnelle que j'ai vécue il y a longtemps de cela et qui souligne fort je que j'ai précisé précédemment : .... Le type avait presque l'aspect d'un individu normal, trimballant sur son dos un tableau sur lequel étaient écrites des lettres alphabétiques en gros caractère.

Par moment, voyant un groupe de gens à proximité de quelque chose, il s'arrêtait, posait son tableau sur un trépied, et entamait un discours fort ambigu, du moins en ce qui me concerne ------ savez-vous, disait-il, pourquoi les autres nations nous ont dépassés en matière de science et de technologie ?

Et sans attendre une réponse de qui que ce soit, il ré enchainait ils ont réussi à percer le secret de la lettre A ; la lettre B. les gens d'outre -mer ils jonglent avec. Vous dites la lettre C ? Mais c'est évident qu'ils l'ont décortiquée...

Regardant autour de lui, un tas de gens qui se rassemblaient, pour prêter une oreille attentive sinon amusée par ses divagations, il range son trépied et réendosse son tableau.

---- vous m'excusez, Messieurs, Dames, ironise-t-il, mais il n'y a pas que vous à instruire, d'autres m'attendent aux quatre coins de la ville.

Et le bonhomme poursuivait son chemin, nullement dérangé par les agents de l'ordre encore moins par un esprit éclairé. Où allons-nous comme ça, à ce train- là ? Là est la véritable question, tout un monde à découvrir chaque jour que le bon Dieu fait.

Fin

Table des matières

Chapitre : 01 1
Chapitre : 02 3
Chapitre : 03 4
Chapitre : 04 5
Chapitre : 06 7
Chapitre : 07 8
Chapitre : 08 9
Chapitre : 09 11
Chapitre : 10 13
Chapitre : 11 18
Chapitre : 12 21
Chapitre : 13 23
Chapitre : 14 26
Chapitre : 15 32
Chapitre : 16 35
Chapitre : 17 36
Chapitre : 18 40

Printed by Books on Demand GmbH, Norderstedt / Germany